INVENTAIRE
Y[f] 8785

AF495125

LES CAUSES

DE

LA DÉCADENCE DU THÉATRE.

LES CAUSES

DE

LA DÉCADENCE DU THÉATRE,

ET

LES MOYENS DE LE FAIRE REFLEURIR;

MÉMOIRE

PRÉSENTÉ A L'INSTITUT DE FRANCE,

Pour se conformer au Décret Impérial, concernant les Sciences, les Lettres, et les Arts;

PAR CAILHAVA,

L'UN DE SES MEMBRES.

A PARIS,

CHEZ MORONVAL, Imprimeur, place Saint-André-des-Arcs n°. 30;
DEBRAY, rue Saint-Honoré, Barrière des Sergens.

1807.

MESSIEURS,

Plus de trente ans se sont écoulés depuis que, témoin et victime de la décadence du théâtre français, j'osai, pour la première fois, en indiquer les causes, et proposer les moyens de le faire refleurir.

Ma témérité pouvoit me susciter des ennemis : le théâtre, tel qu'il étoit, avoit ses partisans, ses protecteurs.... Eh! qu'importe?.... Malheur à l'Ecrivain si, une fois lancé dans la carrière, il est arrêté par des considérations serviles! Malheur à lui si, à chaque trait de plume, il ne se dit pas intérieurement et comme par instinct : L'art! l'art avant tout! Ma gloire, pour être durable, ne peut jaillir que de la sienne.

1

Mon ouvrage fut imprimé en 1772. J'en ai donné plusieurs éditions ; je m'occupois même de la quatrième, lorsque, le 13 ventose an 10, le Gouvernement manifesta le désir de connoître nos progrès dans les sciences, les lettres et les arts, je laissai tomber ma plume, bien persuadé que mille Ecrivains rayonnans de jeunesse, avides de renommée, s'empresseroient de dénoncer l'ignorance, l'intrigue, le bel-esprit, le faux goût, sappant comme d'un commun accord le temple de Thalie et de Melpomène.

Les Savans, les Artistes, les Musiciens ont parlé; les Comédiens ont parlé, et l'aimable, l'ingénieux auteur du Vieux Célibataire *alloit, dit-on, s'acquitter de la gloire qu'il doit aux Muses, en parlant à son tour; mais la mort.....*

En vertu d'un second Décret confirmatif du premier, je me permettrai, Messieurs, de vous soumettre un abrégé rapide de ce que m'a dicté mon amour pour l'art auquel j'ai consacré ma vie. J'y joindrai des remarques sur deux écrits dans lesquels La Rive *et* Grandménil, *alarmés, comme moi, de la décadence du théâtre, s'efforcent, à leur manière, d'en retarder la chute.*

*J'ose donc prier mes confrères de vouloir bien nommer une commission pour examiner mon Mémoire, et en rendre compte à l'*Institut, *qui décidera s'il peut l'adopter en totalité, ou en partie.*

DÉCRET IMPÉRIAL.

NAPOLÉON, EMPEREUR DES FRANÇAIS,

« Etant dans l'intention d'encourager les sciences, » les lettres et les arts, qui contribuent éminemment à » l'illustration et à la gloire des nations, etc. etc. »

Voilà mon texte.

L'*art dramatique* n'est-il pas étroitement lié aux *lettres*, aux *sciences?* N'est-il pas un des *arts* les plus difficiles et les plus dignes d'être *encouragés?* N'a-t-il pas contribué, surtout sous Louis XIV, *à l'illustration et à la gloire de la nation?*

LES CAUSES

DE

LA DÉCADENCE DU THÉATRE,

ET LES MOYENS DE LE FAIRE REFLEURIR.

Le théâtre français, ce théâtre, l'objet de l'admiration et de la jalousie des nations policées; ce théâtre qui contribua si bien à porter la langue française dans tous les pays où l'on sait lire; ce théâtre enfin que les étrangers veulent voir chez eux, ou qu'ils tâchent d'imiter, est aujourd'hui sacrifié au mauvais goût dans le sein de cette même capitale où il prit naissance.

Nos voisins, corrigés par nos bons modèles et riches des traductions ou des imitations de nos meilleures pièces, sont étonnés de nous voir ramasser chez eux les rapsodies, les extravagances que nos anciens chefs-d'œuvre leur apprirent à mépriser.

La décadence de notre théâtre est si réelle, si visible, que nous sommes forcés de l'avouer hautement. Est-ce la faute des auteurs? faut-il en accuser les comédiens ou le public? Soyons vrais : tous contribuent à la décadence du théâtre, et tous en sont les victimes; mais il est une première cause de cette décadence.

La nature épuisée, dit-on, n'enfante plus de grands hommes. Quelle erreur! la nature, toujours fertile, se plaît à faire naître dans chaque siècle différens genres de talens, et chacun de ces talens ou languit, ou produit en abondance et des fleurs et des fruits, selon qu'il est plus ou moins fécondé par les circonstances. Elles seules paralysent, tuent le génie; elles seules l'élèvent, l'immortalisent.

Du tems de Philippe, la Grèce ne craignant plus d'être envahie par des barbares, s'honoroit de donner aux talens cette attention qui les encourage, et toujours avec tant de succès. Le génie égaloit un homme sans naissance à tout ce qu'il y avoit de plus grand, de plus recommandable dans l'Etat.

Si les hommes de lettres contribuèrent à illustrer le siècle de Louis XIV, c'est que Colbert, en leur offrant sa protection, vouloit épargner la honte de la mendier. Le talent étoit alors un patrimoine.

La postérité comptera parmi nous dix grands peintres, plusieurs sculpteurs fameux, un grand nombre d'architectes célèbres, et dira : Tant d'artistes justement renommés n'ont pu se perfectionner que dans un pays où chaque élève, dès qu'il laisse entrevoir l'étincelle du génie, est envoyé à grands frais dans la patrie des beaux-arts, pour s'y enrichir des plus brillantes connoissances, et revenir dans la capitale, précédé de sa réputation, et certain d'être accueilli dans le palais des rois.

Toutes les sciences, depuis les plus abstraites jusqu'aux plus faciles, ont chez nous des écoles gratuites et des récompenses; les arts même de pur agrément y jouissent des plus grandes distinctions, et sont couronnés des mains de la fortune. Soyons donc justement étonnés que l'art dramatique, art le plus propre à former l'esprit et les mœurs des citoyens, à seconder les vues politiques d'un Gouvernement, à donner enfin l'immortalité à ses protecteurs, ait été négligé au point de plonger dans le découragement ceux qui l'exercent, et de les soumettre à des démarches humiliantes, si quelque chose au monde pouvoit humilier le talent qui se respecte.

Le théâtre penche vers sa ruine. Pourquoi? parce qu'il est miné par un grand nombre d'abus, me répondra-t-on ; parce que les ouvrages, réprouvés par le goût, y sont seuls en crédit ; parce que la cabale, d'injustes protections y tiennent lieu de mérite. En effet, tout cela précipite la chute du théâtre, mais rien de tout cela n'en est la cause primitive. La voici : c'est le privilége exclusif accordé à une seule troupe sur les choses les plus libres, les plus franches, les plus respectées chez toutes les nations, je veux dire les plaisirs du public et les productions du génie.

Qu'on daigne me suivre, et l'on verra si je veux entourer d'arbres parasites, le verger qui fit nos délices, ou si je projette d'élever dans son voisinage, et sous le même rayon de soleil, une pépinière régénératrice. C'est un théâtre émule que je demande, et non un théâtre rival. Continuons.

Une troupe munie d'un privilége exclusif

peut malheureusement dire à la France entière: Nous ne voulons vous donner dans le cours de l'année qu'une ou deux nouveautés ; encore serez-vous contraints d'adopter celles qui nous conviendront. Si vous voulez rire, nous prétendons que vous pleuriez; désirez-vous pleurer, nous vous forcerons à rire. N'est-il pas en notre pouvoir de recevoir, de jouer les mauvaises pièces, de condamner à l'oubli les bonnes ; de favoriser les auteurs médiocres, de décourager ceux qui pourroient soutenir la scène? Une troupe qui jouit d'un privilége exclusif peut enchaîner le génie, lui arracher ses ailes, et lui dire : Il n'est plus question de prendre l'essor, de t'élever à ton gré dans les nues; sois notre esclave, et si tu te glisses dans le sanctuaire des arts, que ce ne soit que sous nos auspices ; ou, loin de nous, loin du théâtre ton audace infructueuse.

Il suffit de penser, pour sentir qu'un pouvoir aussi illimité, aussi despotique, n'a pu que détruire le théâtre. Je crois donc que le moyen le plus facile, le plus prompt, ajoutons le seul propre à rétablir sa gloire, seroit une seconde troupe qui, consacrée, comme la première, aux charmes de la haute comédie, à toute la dignité de la tragédie, entretiendroit une émulation capable de ranimer le feu sacré prêt à s'éteindre.

Un privilége exclusif n'est pas moins préjudiciable à l'art du comédien. Supposons une troupe choisie, parfaite ; chacun de ses membres est un *Roscius :* il ne le sera pas long tems. Pourquoi cela ? Son ambition sera bientôt d'avoir un double qui le fasse désirer, et de l'avoir mauvais pour mieux ressortir. Il trouvera le secret d'écraser tout débutant qui pourroit alarmer son amour-propre, et de soutenir tout pygmée dont il n'a rien à craindre. Qu'arrive-t-il ? le pygmée reste, accoutume peu à peu le public à ses défauts, agence quelques rôles à sa taille, à sa voix, à ses petites manières, et devient acteur en chef. Ses successeurs l'imitent : de cette façon, une troupe excellente ne peut que devenir détestable. Admettons deux théâtres ; les acteurs voudront rivaliser de zèle et de gloire. Oui, loin de s'endormir dans le sein de l'indolence, ils feront de continuels efforts pour se surpasser mutuellement. L'un sera vainqueur aujourd'hui, l'autre triomphera demain : ceux qui méritent la palme ne craindront plus de se la voir disputer par des écoliers fiers de remuer les bras, les jambes, la tête comme leur maître ? —Le public jugera-t-il plus sainement? — Sans contredit, je crois m'être ménagé par gradation le moyen de le prouver.

Une seule troupe est aussi nuisible au goût du public qu'à l'art du poëte et de l'acteur. J'ai fait voir que des comédiens munis d'un privilége exclusif pouvoient insensiblement accoutumer la capitale à ne voir que des *monstres dramatiques;* j'ai démontré qu'ils pouvoient insensiblement faire succéder le règne des *comédiens-machines* à celui des *Roscius :* il est donc clair que le public, une fois condamné à tolérer ces mêmes monstres, ces mêmes machines, les trouvera peu à peu supportables, et les admirera bientôt; peut-être même, victime de la barbarie, finira-t-il par accourir en foule aux parades amphibies; peut-être enfin laissera-t-il reparoître sur la scène ces convulsions, ces tortillemens de bras, cette déclamation chantante, ce jeu forcé, précieux ou *taquin*, cette monotonie assommante qui régnoit au théâtre si tyranniquement, lorsque Molière, fléau de tous ces vices, parut et les détruisit. Admettez, comme alors, un second théâtre; donnez au public un objet de comparaison : les acteurs qui voudront être lestes sur le cothurne, lourds sur le brodequin, ou ne représenter que des romans monstrueux pour y briller facilement et aux dépens de la raison, seront bientôt délaissés; parce que leurs rivaux feront nécessairement leur critique par le bon choix des pièces, et par le soin de conserver aux différens rôles leurs véritables nuances. Je le répète; donnez au public un objet de comparaison : loin d'applaudir à la corruption du goût, le sien se formera par la comparaison même.

Ainsi l'on agrandira la carrière de la gloire et des plaisirs.

J'entends plusieurs personnes s'écrier qu'il faut protéger le théâtre de la nation. Parle-t-on de vingt comédiens qui, malgré leurs grands talens, se font successivement oublier? ou bien parle-t-on des chefs-d'œuvre sur lesquels sont fondées l'existence et la gloire de la scène française, *le Tartuffe, Cinna, Phèdre, Rhadamiste, Mahomet, le Joueur, le Glorieux, la Métromanie?* Joués par deux troupes émules, appartiendront-ils moins à notre théâtre? Que dis-je? tous ces monumens du génie français cessent-ils d'être le théâtre de la nation, lors même qu'ils sont représentés dans les pays les plus lointains?

La poésie lyrique peut s'exercer sur plus d'un théâtre. Pourquoi semble-t-on craindre de ramener ces beaux jours où Corneille, Molière, Racine, pouvoient s'illustrer sur deux théâtres différens, et voler de front au temple de la gloire ? Quel dommage, grand Dieu! si, de leur tems, la capitale n'eût eu qu'une seule troupe ! Qui nous assurera que les *Scudéri*, les *Demarets* et les *Pradons*, déjà possesseurs de la lice, ne l'auroient pas fermée aux vigoureux adversaires qui les ont si bien terrassés ? La France auroit perdu cent chefs-d'œuvre qui lui feront un éternel honneur, puisqu'il est vrai qu'un Empire est plus ou moins florissant, selon qu'il produit plus ou moins d'hommes immortels,

O Molière! s'il est vrai que le repos des Ombres puisse être troublé, combien tu dois souffrir et comme acteur et comme auteur, en le voyant s'écrouler, ce superbe édifice, que tu avois élevé pour la gloire des génies créateurs, et pour tout comédien digne de sentir, digne de rendre la sublimité de leurs idées!

Et vous, Corneille, Racine! lorsque vous travailliez avec tant d'ardeur à la célébrité de votre patrie, et que vos ouvrages forçoient l'univers entier d'admirer la délicatesse du goût français, n'auriez-vous pas laissé tomber le pinceau de vos mains, si vous eussiez pu croire que cette même patrie confondroit, un jour, tous les genres, tous les théâtres, tous les auteurs, tous les acteurs ?

Peut-être allons-nous trouver dans le Mémoire de La Rive de quoi consoler les deux Muses un peu trop légèrement traitées.

MOYENS

DE

RÉGÉNÉRER LES THÉATRES,

De leur rendre leur moralité, et d'assurer l'état de tous les Comédiens, sans qu'il en coûte rien au Gouvernement.

Le titre de ce Mémoire annonce trois projets; mais le premier ne pouvant être rempli que par le concours et le succès des deux derniers, La Rive, sans doute, n'a pas manqué d'appeler les auteurs dramatiques à son secours : car, où puiser la moralité, si ce n'est dans leurs Ouvrages? Et sans leurs Ouvrages, comment assurer l'état de comédien ?

« Corneille, Molière, Racine, dit La Rive,
» ces peintres de la nature, ont eu l'art difficile
» de fouiller dans le cœur de tous les hommes,
» de leur arracher leur secret, et, en dévelop-

» pant toutes leurs passions, d'apprendre à » l'homme à connoître l'homme. On doit donc » regarder comme une partie essentielle de l'é- » ducation publique la représentation de tous » ces chefs-d'œuvre, et ne les confier à l'avenir » qu'à des hommes dignes de nous montrer » l'homme. »

Qu'à des hommes dignes de nous montrer l'homme! La Rive, après avoir débuté par un hommage à Corneille, à Racine, à Moliere, méconnoîtroit-il déjà les services rendus par les peintres dont il vient de faire l'éloge? Et par *l'homme digne de montrer l'homme*, entendroit-il parler non de *l'auteur*, mais de *l'acteur?* Voyons, poursuivons.

« Nos théâtres doivent servir d'école aux » Français et aux étrangers. *Philoctète, Mithridate, Auguste* seroient ignorés de beau- » coup de gens, s'ils ne venoient sur la scène » se faire connoître. Nous avons le pouvoir » de faire renaître à notre volonté toutes les » nations, leurs passions, leurs mœurs, leurs » cités, leurs usages; mais comme il n'est pas » aussi facile de représenter leurs grands hom- » mes que leurs palais, on doit essentiellement » s'occuper du soin de former des acteurs qui

» soient dignes d'être leurs véritables inter-
» prètes. »

Voilà qui est décidé : les comédiens ne sont pas seulement les peintres de *Philoctète*, de *Mithridate;* ils sont encore leurs *véritables interprètes*. Je pense, moi, qu'au moment où La Rive représente *Orosmane*, le *Cid*, *OEdipe*, plus d'un père de famille, redoutant pour ses enfans les dangers qui environnent la scène, est occupé, un *Molière*, un *Racine* à la main, à former leur goût, leurs moeurs, leur ame enfin; et qu'il ne leur dit pas avec orgueil : Je suis votre précepteur; mais qu'il s'écrie avec reconnoissance : Les voilà les véritables instituteurs du genre humain !

Les comédiens regarderoient-ils réellement leur art comme tout à fait étranger à l'art qui lui donne la vie?

M.lle Clairon disoit hardiment : « Quand un
» auteur a composé une pièce, il n'a fait que
» le plus facile. »

Le comédien, et je me plais à le publier, s'il a de la grace dans les gestes, de la flexibilité dans l'organe, de la sensibilité dans l'ame, doit nécessairement faire ressortir les beautés d'un rôle et rendre la représentation de la pièce beaucoup plus agréable; mais, fût-il doué de plus de génie que l'auteur, il ne peut l'employer qu'à rendre celui du poëte, et il manque également le but proposé, soit qu'il ne l'atteigne pas ou qu'il le dépasse.

Que penseroit M.lle Clairon si un peintre avoit cru l'embellir en ajoutant une seule ligne à son nez, à sa bouche, en diminuant la grandeur de ses yeux ? N'auroit-il pas infailliblement détruit le charme de l'ensemble ? Comment M.lle Clairon traiteroit-elle encore le peintre qui, après avoir fait d'elle un portrait parfaitement ressemblant, diroit avec orgueil : M.lle Clairon m'est redevable de la régularité de ses traits, de la noblesse de son port.

« La Rive attribue encore l'immoralité des » théâtres au préjugé barbare qui a long-tems » existé contre les comédiens. » Il doit se rappeler qu'après avoir vu et entendu des choses très-indécentes à l'ancienne comédie italienne, dont les acteurs se piquoient d'être bien avec leurs confesseurs, nous allions nous réconcilier avec la morale chez les profanes du faubourg Saint-Germain.

Nous avons vu La Rive moraliste; il ne nous a pas fourni un seul moyen de réparer nos pertes théâtrales. Ecoutons tout uniment

La Rive comédien; il va nous donner de bons conseils et nous convaincre de leur solidité.

« La seule école utile aux progrès de l'art » est celle du public. (Il auroit pu y ajouter : » et celle de divers publics.) La faveur et l'in- » trigue seules veulent former des talens et » avoir le droit exclusif de les porter sur la » scène. Elles vont jusqu'à faire recevoir au » premier théâtre de la Nation des sujets qui, » après avoir montré tout à coup d'heureuses » dispositions, sont condamnés, toute leur » vie, à la médiocrité, par cette facilité même » qu'ils ont eue en commençant; tandis que » beaucoup d'autres, peut-être faits pour por- » ter l'art à la perfection, sont des années en- » tières avant d'oser développer tous les res- » sorts de leur ame. C'est dans son ame seule » que le grand acteur puise le vrai secret de » son art; ce n'est qu'en l'exerçant en public » qu'il peut développer son talent, et non dans » des leçons que la mémoire seule retient en » étouffant tous les mouvemens du cœur. Le » vrai talent doit avoir sa jeunesse et ses écarts » que le public seul peut réprimer, et il est » aussi ridicule de voir des enfans de quinze » ans jouer Andromaque, que de voir des Sé- » nateurs de cet âge. Je le répète; dans cette

» carrière comme dans toutes les autres, il
» faut des preuves acquises et de longs travaux
» pour prétendre aux honneurs des premiè-
» res places. Le théâtre de Paris doit être l'*Ins-*
» *titut* des comédiens, et l'honneur d'y arri-
» ver ne doit être accordé qu'à celui qui a
» mérité la palme; ce théâtre, ainsi formé, re-
» prendra son éclat et toute son ancienne
» gloire. »

La Rive a raison. J'ajouterai qu'on ne peut s'écarter de son opinion, sans jeter le découragement le plus funeste à l'art dans l'ame de tous les comédiens qui s'exercent sur les théâtres de nos départemens. Quels travaux, quels efforts, quelles acquisitions pourra-t-on attendre de leur part, si on leur ôte la légitime espérance d'arriver dans la capitale, riches de leurs découvertes et heureux d'échanger ce fruit de leurs études contre la fortune et les applaudissemens? Bientôt se tariront les sources où l'on eût infailliblement puisé des talens dignes d'honorer la scène française.

En terminant mes observations sur ce Mémoire, je puis dire à La Rive que, s'étant concilié l'estime générale par l'aménité de ses mœurs, par la franchise de son ame, et que voulant donner à ses camarades des leçons de moralité, il auroit pu se borner à cet unique conseil : *imitez-moi.*

Cinq ans se sont écoulés depuis que l'écrit de La Rive a paru. Il me semble qu'on est loin d'avoir voulu profiter même de la plus juste de ses réflexions; il me semble que les beaux jours de la scène ne sont point encore revenus. Le rapport lu à l'Institut par Grandménil sera-t-il plus propre à les ramener?

RAPPORT

SUR

LA DÉCADENCE DU THÉATRE,

Lu à l'Institut le fructidor an XII.

Ce Rapport exige la plus scrupuleuse attention. Grandménil parle au nom de la *Section dramatique*, et c'est au plus éclairé des corps littéraires qu'il s'adresse.

« L'art dramatique, dit-il, est dégénéré depuis trente ans. En voici les causes : premièrement, les *Artistes* se présentent dans la carrière, sans se douter que l'art a ses difficultés ; et pour remédier à l'ignorance absolue des élèves, il faudroit établir un conservatoire où il leur seroit donné des leçons de *chant*, de *danse*, d'*escrime* et d'*équitation.* »

Je pense qu'en effet ce qui donne de l'aisance, de la grace, tout ce qui sert enfin au développement physique du *comédien*, tourne à son avantage et à celui de la pièce dans laquelle il joue. Je demande cependant la permission de représenter à la section dramatique à quel point il seroit nécessaire que les élèves, en entrant dans la coulisse, oubliassent les leçons de leurs professeurs : sans cette précaution, *Zaïre* ne courroit-elle pas le danger de chanter son rôle, et *Lusignan* de psalmodier le sien ? ou........

Quel malheur surtout si nos héros, fidèles aux leçons de leurs maîtres-d'armes, substituoient à la noble attitude qui leur convient, celle d'un athlète, se dessinant avec affectation pour faire admirer des formes heureuses!....

Le Conservatoire auroit indubitablement des professeurs dont Grandménil ne parle point, mais qu'il suppose sans doute; et je lui demande s'il ne seroit pas prudent que le maître chargé de former le goût des élèves, de développer leurs moyens, de régler leur sensibilité, au lieu de se borner à leur dire : « *Le Kain avoit* » *cette attitude ; Bellecour se présentoit* » *ainsi ; Mlle Dangeville faisoit cette jolie* » *petite mine : je sais tout cela, imitez-moi*, » leur fit sentir au contraire que pour mériter des applaudissemens, il faut *être soi?*

La vérité pour le comédien n'est pas cachée dans le fond d'un puits : c'est dans le fond de la pièce qu'il faut la chercher.

Ne seroit-il pas prudent surtout que le maître, chargé de diriger les études des élèves, leur conseillât de se familiariser un peu avec les auteurs qui traitent de la composition du drame? Il faut en connoître les principaux ressorts pour les faire agir avec plus ou moins de force, selon qu'ils sont plus ou moins nécessaires à l'intelligence, à la marche, au tout enfin de la grande machine.

Grandménil regarde comme seconde cause de la décadence de l'art dramatique, l'incroyable multiplicité des théâtres et de leurs genres.

Voltaire a prononcé : *Tous les genres sont bons, hors le genre ennuyeux.* Ajoutons, *hors le genre immoral*, et disons-nous ensuite : *Paris est une ville immense ;* les spectacles n'y sont pas consacrés de préférence, comme à Londres, au goût de la multitude et au soin de la rendre injuste et féroce. Je soutiens donc que pour entretenir la moralité des spectacles, pour les rendre tous aussi utiles qu'agréables, pour en fixer au juste le nombre, et de manière qu'au lieu de se nuire ils se servent mutuellement, nous n'avons qu'à bien distinguer leurs genres, et les nuances propres à chacun d'eux.

Au théâtre des Arts, les tours de force n'étoufferont ni le chant, ni la danse, ni l'orchestre.

Le théâtre Italien, toujours épris de l'ariette, laissera au Vaudeville son fifre; et celui-ci, enfant gâté de la plus aimable des nations, n'emploîra que son tambourin pour réunir autour de lui les partisans de la gaîté française, et, désormais fidèle à sa devise : *malice, naïveté*, il ne s'appauvrira plus de la fastidieuse opulence du calembour.

S'il est essentiel de distinguer les divers genres de spectacle, il ne l'est pas moins de resserrer le genre de chaque rôle dans les sentiers frayés par les maîtres de l'art.

Alors plus de Finette qui prenne la peine de se prononcer aussi fortement que le fourbe le plus décidé, et plus de fourbe qui mette dans son jeu la mignardise d'une Finette adroite.

Alors Frontin ne rapetissera plus à sa taille la casaque des Daves; Crispin, Arlequin, bannis de la scène je ne sais pourquoi, reprendront leurs traits épars sur la figure des personnages auxquels ils vont si mal, reparoîtront parés de leurs propres agrémens, et chaque rôle n'aura plus ses *Cassandres*.

Enfin, qu'il ne soit plus permis à un théâtre d'usurper les prérogatives d'un autre théâtre, à un rôle de s'approprier la physionomie d'un autre rôle ; les grands théâtres se relèveront plus majestueux ; les tréteaux s'écrouleront d'eux-mêmes au son aigu des sifflets, et sous le poids de leurs créanciers ; les productions de nos maîtres ne seront plus défigurées, avilies ; les vrais talens, moins éparpillés, se consacrant aux genres auxquels la nature les appelle, s'y perfectionneront. Graces à cette hiérarchie dramatique, chaque spectacle aura des auteurs, des acteurs à citer, et, s'il m'est permis d'employer ici l'expression hardie du *grand Rousseau*, les amateurs de tous les états, de tous les goûts pourront parcourir les domaines de Thalie et de Melpomène d'*un pôle à l'autre*.

Grandménil, forcé d'avouer que le théâtre est dégénéré, dit en propres termes : « Le public a gâté les comédiens, en prodiguant les applaudissemens à l'exagération, à la *charge*. » Les acteurs n'auroient-ils pas, au contraire, gâté le public ? Une petite anecdote va décider la question.

On venoit de représenter l'*Avare* ; je souffrois d'avoir vu *Harpagon* qui, loin de se borner, comme le prescrit Molière, à souffler l'une des deux chandelles qui éclairent le notaire, (car un avare ne brûle certainement pas de bougie) la prend à poignée, la cache d'abord sous son habit et ensuite dans la poche de sa culotte, et toujours de manière que *Laflèche* puisse la rallumer commodément. Après le spectacle, je joins Grandménil derrière le théâtre; je le plains de ce qu'un homme de son mérite est astreint à des lazzis aussi absurdes, et je lui demande s'il ne seroit pas digne de lui de les supprimer.

« Que voulez-vous, me répond Grand-
» ménil? Il faut plaindre les comédiens, les
» applaudissemens les flattent; c'est la manne
» dont ils sont les plus friands, et ils ne peu-
» vent en obtenir qu'en répétant ce que fai-
» soient leurs prédécesseurs. »

Ah! je vous tiens, ingénu Grandménil. Remontez à la source des lazzis qui choquent le bon sens, vous verrez que le public ne peut certainement pas les avoir imaginés, pas même les avoir indiqués; les acteurs seuls les ont créés, augmentés, et les inventeurs seroient bien fâchés que le public leur en dérobât la gloire, puisque vous les secondez si bien.

Disons vrai : Le public instruit est victime, le public ignorant est complice; les acteurs seuls sont coupables; les uns par une corruption de goût impardonnable, les autres par contagion.

Ce qui paroîtra plus surprenant, c'est que Grandménil, même après son aveu, ajoute dans la suite de son Mémoire que *rien ne peut être substitué à la tradition actuelle, très-bonne, quoi qu'en puissent publier les écrivains modernes*. Les écrivains modernes n'ont donc qu'à se figurer le tableau d'un grand peintre copié par plusieurs élèves. L'original a paré le cabinet d'un amateur; les copies, successivement défigurées, ne seront bientôt plus dignes, si l'on n'y met ordre, que de servir d'enseigne aux tabagies les plus enfumées.

Vous avez pu remarquer, Messieurs, dans le Mémoire de La Rive, comme dans celui de Grandménil, l'intime persuasion où ils sont que le poëte disparoît devant l'acteur. Peut-être pourroit-on prouver que l'auteur dramatique a le droit de s'écrier : *anch'-io son comediante*.

En effet, point de pièce susceptible du moindre agrément, si l'auteur, en la composant, a, dans le feu de son imagination, perdu un instant de vue la scène et ses effets ; s'il n'a pas distribué à chaque personnage, avec autant de goût que d'égalité, des situations, des tirades, des traits brillans, des repos, des sorties, des rentrées heureuses, des jeux de théâtre ; s'il n'est pas descendu jusqu'à préparer des lazzis. Non, je le répète, point d'ouvrage réellement théâtral, si le poëte, en l'écrivant, ne joue, sans y songer et comme par instinct, tous les rôles ; s'il n'en prend pas alternativement le ton, les gestes, même le masque qui convient à chacun d'eux ; s'il ne déploie pas enfin (à l'organe près) l'art du comédien le plus consommé. Tout le talent de l'auteur, en un mot, est d'attirer constamment sur son acteur l'intérêt et l'admiration.

Il ne vous reste plus, Messieurs, qu'à prononcer sur mon Mémoire ; je serois suspect en le commentant moi-même. Je vous le soumets donc une seconde fois ; mais ce n'est plus sur mon Mémoire écrit que je vous prie de porter votre jugement, c'est sur mon Mémoire mis en action et sur des faits généralement reconnus. Je vous prierai de rejeter impitoyablement ce qui ne vous paroîtroit pas favorable en même tems aux auteurs, aux acteurs, aux amateurs, à l'art enfin.

J'ai cru voir, et j'ai dit dans mon Mémoire qu'un privilége exclusif accordé à une seule troupe de comédiens portoit un coup mortel à l'art dramatique, et j'ai avancé qu'un second théâtre émule du premier, peut ramener les beaux jours de Thalie et de Melpomène. Hé bien, Messieurs, sollicité par deux hommes hardis, entreprenans, et secondé surtout par le célèbre et malheureux Bailly, qui pensoit comme moi sur les avantages d'une rivalité bien entendue, j'ai contribué de mon mieux à l'élever, ce second théâtre.

J'ai cru voir et j'ai dit dans mon Mémoire combien il étoit difficile que dans un comité composé d'acteurs des deux sexes, l'intrigue, la cabale, les petites liaisons d'intérêts, d'amitié et souvent même d'amour n'entrassent pas pour quelque chose dans l'acceptation ou le rejet d'une nouveauté. Aussi Gaillard et Dorfeuille me prient-ils de les aider dans le choix de leurs pièces.

C'étoit dans un tems où la bonne compagnie se donnoit encore rendez-vous au Palais Royal. J'y occupois un appartement agréable; je l'ouvrois depuis midi jusqu'à deux heures à mes amis, et nous lisions les manuscrits qui m'étoient confiés. L'architecte *Louis*, accoutumé par état à la sévérité des principes, disoit sans façon : L'ouvrage manque par le fondement ; l'escalier, trop roide, ne conduit que péniblement à des appartemens mal distribués ; le toit est lourd, sans grace ; et cela vouloit dire : Il faut corriger l'exposition, l'intrigue, les scènes, le dénoûment.

Le *Shakespéare* du théâtre italien, *Sédaine*, remarquoit les scènes qui n'alloient pas droit à l'intérêt ; l'aimable auteur de l'*Amoureux de quinze ans, d'Eglé, du Couvent*, nous indiquoit les morceaux qui manquoient de grace, de finesse ; l'oreille délicate de *Grétry* ne se laissoit pas séduire par le clinquant d'un vers sans harmonie ; le célèbre auteur d'*Anacharsis*, à titre d'homme du monde et de savant, veilloit sur les convenances, et m'apprenoit que, chez les Grecs, les enfans n'étoient point appelés du nom de leurs pères, mais du nom de leurs grands-pères : faute que j'avois commise dans les *Ménechmes grecs*.

Les deux directeurs goûtent fort cette manière de faire juger les pièces par des personnes qui n'aient en vue que les intérêts de l'art. Le public, les auteurs ne peuvent qu'y gagner ; les comédiens, ennemis de l'intrigue, sont enchantés de n'entendre plus répéter qu'ils refusent les bons ouvrages pour accueillir les mauvais avec une prédilection particulière, et bientôt toutes les nouveautés du second théâtre se rapprochent du bon genre.

J'ai cru voir, et j'ai dit dans mon Mémoire qu'il est impossible de juger sainement un drame d'après une simple lecture, surtout lorsque le brillant des détails pouvoit éblouir les juges ; et notre comité propose à la direction d'engager les auteurs, pour leur propre intérêt, à ne présenter d'abord qu'un simple canevas de leurs pièces. Le plan, quoi qu'on en dise, est la partie essentielle d'un drame, et c'est lorsque ce drame n'est point encore revêtu de ses ornemens, qu'on peut mieux l'apprécier. On y découvre facilement et les beautés qu'il promet, et les vices dont il est menacé : faut-il enfin trancher le mot? En exigeant d'un auteur qu'il produise le plan de sa pièce, on le force d'en faire un. Ce dessin une fois tracé, le peintre n'a plus qu'à le nuancer de couleurs convenables, et il est à parier qu'un ouvrage dont on a jugé le génie avant d'en juger l'esprit, sera reçu.

J'ai cru voir, et j'ai dit dans mon Mémoire que l'ordre des dates de réception étoit souvent renversé par la puissance tyrannique ou de la cabale ou du crédit. Voici le remède proposé, accepté, et mis en usage avec succès :

La pièce définitivement admise, on aura grand soin d'inscrire en gros caractères son titre, la date de sa réception, et le nombre de ses actes, dans une liste à cases numérotées ; elle sera affichée non seulement dans le foyer des acteurs, mais encore dans celui du public. Par ce moyen les amateurs, les yeux constamment ouverts, veilleront sur les trésors qu'on leur destine, comme le dragon veilloit sur les pommes du jardin des Hespérides.

J'ai cru voir que les comédiens négligeoient les nouveautés pour les pièces anciennes, par la double raison que celles-ci leur épargnoient des *frais d'auteur*, des *frais de mémoire ;* j'ai cru voir enfin que les comédiens se regardoient comme les seuls héritiers des richesses immenses laissées par Molière, Corneille et Racine, et par les auteurs qui se sont groupés avec ces grands hommes. D'après mes observations, notre comité me charge de faire sentir à Gaillard et Dorfeuille que s'ils veulent agir d'une manière aussi noble qu'utile, ils n'ont qu'à soumettre à la part d'auteur les pièces anciennes, à en distribuer la moitié aux acteurs qui auront fait preuve de talent et de zèle dans le courant de l'année, et à remettre l'autre moitié au Gouvernement, qui, d'une main paternelle, en fera la répartition, répartition suffisamment indiquée par la source glorieuse de ce produit.

Gaillard approuve mes plans sans balancer; il espère y puiser de quoi terminer chaque année dramatique par des fêtes en l'honneur des Muses; mais Dorfeuille s'est retiré; douze comédiens ont acheté son association à l'entreprise; Gaillard est forcé de les consulter.....

....

Cependant un ciel nébuleux pèse sur nous..

....

Un génie bienfaisant veille sur la France.....
Les beaux jours vont renaître..............
Les comédiens sont rendus à la ville qui les pefectionna.......... L'incendie de l'Odéon les force à se réunir au Palais Royal.

Mon dessein n'est pas d'humilier les amours-propres; on a dû remarquer que j'ai pesé avec la même équité les droits des auteurs et ceux des acteurs. Je me bornerai à demander à ces derniers si, amoncelés dans une seule salle, ils sont plus fêtés, plus riches, plus célèbres, que lorsque les deux troupes séparées s'électrisoient mutuellement ;

Que lorsque *Monvel* se mesuroit avec *Vanhove ; La Rive* avec *Talma ; Grandménil* avec *Désessarts ; Dugazon* avec *Dazaincourt ;* et que les demoiselles *Joli*, *Desgarcins*, Mesdames *Talma* et *Vestris* luttoient avec la même ardeur, avec le même succès, etc. etc.

Que lorsque les amateurs, partageant leur avide curiosité entre ces deux spectacles, prodiguoient à l'un et à l'autre des applaudissemens et de salutaires conseils, dont l'art ne peut que s'enrichir.

Messieurs, j'ai commencé mon Mémoire par l'extrait d'un Décret bien favorable aux Muses ; puis-je mieux faire que de finir par l'article qui nomme leurs interprètes ?

« L'Institut national proposera au Gouver-
» nement ses vues sur les secours et les encou-
» ragemens dont les sciences, les arts et les
» lettres ont besoin, et le perfectionnement
» des méthodes employées dans les diverses
» branches de l'enseignement public. »

Je ne vous solliciterai pas, Messieurs, en

faveur de Thalie et de Melpomène : c'est à quelque connoissance de l'art dramatique que je dois l'honneur de m'asseoir parmi vous ; et je me bornerai à me faire quelques questions.

L'art dramatique a-t-il besoin *de secours et d'encouragemens ?*

— Bien des personnes le pensent.

Le théâtre est-il une école de bienséance, de morale, de philosophie pratique ?

— Il le faudroit, du moins.

Doit-il être compté parmi les diverses *branches de l'enseignement public ?*

— Les nations les mieux policées l'ont constamment regardé comme essentiellement utile à l'instruction du peuple, et la politique en a tiré le plus grand parti.

D'après ces réflexions,

Je souhaite aux vrais *connoisseurs*,

Deux théâtres qui leur fournissent le moyen de juger sainement les auteurs, les acteurs, et même de réformer le public.

Je souhaite aux *comédiens*,

Des réglemens qui, dictés par des *protecteurs sévères*, les forcent de travailler à leur gloire, à leur fortune, et ne leur permettent pas de sacrifier l'intérêt général à l'intérêt particulier.

Je souhaite aux *poëtes dramatiques*,

Un *Mécène* qui, particulièrement occupé d'eux, les accueille, les écoute, les dérobe à la funeste nécessité *d'intriguer*, un *Mécène* qui leur prépare des succès purs et dignes de leur obtenir un sourire d'*Auguste*.

FIN.

N. B. On ne cesse de répéter que les Théâtres ne sont qu'en trop grand nombre.

Le Palais des Thuileries et celui du Louvre, entourés de bâtimens, par leur genre et par leur destination, indignes d'avoisiner ces deux plus augustes Monumens, les déroboient aux regards curieux de l'ami des arts; le

Génie régénérateur de la France les a fait disparoître d'un souffle ; il rendra sans doute le même service au temple de *Thalie* et de *Melpomène*, en le débarrassant de ces *boudoirs*, de ces *tavernes*, de ces *tabagies* où va se perdre le talent et s'égarer la pureté du goût.

Sur les débris de l'un de ces repaires, s'élevera un *second* Théâtre consacré aux *deux Sœurs*, lequel, joint au *premier* par la GALERIE de CORNEILLE, de RACINE, de MOLIÈRE, justifiera ma comparaison.

www.ingramcontent.com/pod-product-compliance
Ingram Content Group UK Ltd.
Pitfield, Milton Keynes, MK11 3LW, UK
UKHW022148170726
13837UKWH00004B/1846

9 782329 153872